DANIEL BOONE

PERSONAS QUE CAMBIARON LA HISTORIA

David y Patricia Armentrout

Traducido por Esther Sarfatti

Rourke Publishing LLC
Vero Beach, Florida 32964

www.rourkepublishing.com

DERECHOS DE LAS FOTOGRAFÍAS
Archivos Audio-Visuales, Colecciones y Archivos Especiales, Bibliotecas de la Universidad de Kentucky
Cubierta, 7, 15, 18
Biblioteca del Congreso págs. 4, 8, 10
©James P. Rowan págs. titular, 12, 17, 21

SERVICIOS EDITORIALES
Pamela Schroeder

Catalogado en la Biblioteca del Congreso bajo:

Armentrout, David, 1962-
  [Daniel Boone. Spanish]
  Daniel Boone / David and Patricia Armentrout.
    p. cm. — (Personas que cambiaron la historia)
  Includes bibliographical references and index.
  ISBN 1-58952-166-8
    1. Boone, Daniel, 1734-1820—Juvenile literature. 2. Pioneers—Kentucky—Biography—Juvenile literature. 3. Explorers—Kentucky—Biography—Juvenile—literature. 4. Frontier and pioneer life—Kentucky—Juvenile— literature. 5. Kentucky—Biography—Juvenile literature. 6. Kentucky—Discovery and exploration—Juvenile literature. [1. Boone, Daniel, 1734-1820. 2. Pioneers. 3. Frontier and pioneer life. 4. Spanish language materials.] I. Armentrout, Patricia, 1960- II. Title.

  F45.B66 A87818 2001   2001031981
  976.9'02'092—dc21
  [B]

  pbk 1-58952-247-8

Impreso en EE.UU.

CONTENIDO

DANIEL BOONE

Daniel Boone nació en 1734. Su familia vivía en Pensilvania.

El padre de Daniel, Squire Boone, era herrero. Los herreros trabajan el hierro caliente. Daniel aprendió a ser herrero, pero disfrutaba más en los bosques.

A Daniel le gustaban los indios que vivían en las cercanías. Ellos le enseñaron cómo sobrevivir en la naturaleza.

Lugar de nacimiento de Daniel Boone en Pensilvania.

A DANIEL LE ENCANTABA LA CAZA

De niño, Daniel pasaba los veranos vigilando el ganado de su familia. Algunas veces también vagaba por los bosques.

Un día, Daniel encontró unas huellas de oso. Siguió las huellas durante toda la noche. Su madre se preocupó pensando que algo le había ocurrido a Daniel. Envió a los vecinos para que lo buscaran. Tras una larga búsqueda, encontraron a Daniel asando carne de oso en una fogata. Daniel era ya un gran cazador.

A Daniel le encantaba cazar y explorar la naturaleza.

Daniel Boone ... him in 1819 when he ... picture ever ...

LA VIDA EN CAROLINA DEL NORTE

Daniel tenía dieciséis años cuando su familia se mudó al valle del Yadkin en Carolina del Norte. Daniel ayudó a su padre a cultivar las nuevas tierras.

A Daniel le gustaba recorrer los bosques cazando y poniendo trampas. Daniel era mejor cazador que granjero. Ganó mucho dinero vendiendo pieles de animales. Daniel era un gran **trampero**.

Un retrato de Daniel Boone pintado por Chester Harding en 1819.

REBECCA BRYAN

Daniel conoció a Rebecca Bryan en el valle del Yadkin. Según la **leyenda**, Daniel quería descubrir qué tipo de chica era Rebecca. Fingió hacer un agujero en el precioso delantal nuevo de Rebecca. Al ver que Rebecca no se enfadaba, Daniel supo que había encontrado la chica perfecta para él.

Daniel y Rebecca se casaron el 14 de agosto de 1756. Les encantaban los niños y tuvieron diez hijos.

La cabaña de Daniel Boone en High Bridge, Kentucky.

EXPLORANDO KENTUCKY

En 1769, Daniel se marchó con cinco amigos a explorar un nuevo territorio llamado Kentucky. Allí pasaron seis meses cazando y poniendo trampas.

Una tarde, los indios **Shawnee** rodearon a Daniel y a sus hombres. Los indios se llevaron algunas pieles y advirtieron a los hombres que se fueran de Kentucky. Algunos regreson a casa, pero Daniel se quedó.

Después de dos años de caza y exploración, Daniel regresó a Carolina del Norte. Había decidido trasladar su familia a Kentucky.

Esta placa muestra a Daniel Boone cuando recibió la misión de explorar Tennesee y Kentucky.

13

PÉRDIDA FAMILIAR

Los Boone y otras familias se encaminaron a Kentucky en el otoño de 1773. Antes de llegar a Kentucky, James, el hijo de Daniel, y otro chico regresaron en busca de provisiones. Los muchachos fueron sorprendidos en el camino por los indios. Ambos chicos murieron. Temiendo más ataques, los colonos regresaron a Carolina del Norte.

Daniel sufrió por la pérdida de su hijo. Sin embargo, sabía que su familia regresaría algún día y se establecería en Kentucky.

Daniel Boone entró en Kentucky a través del Paso de Cumberland.

DANIEL Y LOS SHAWNEE

Los Boone llegaron a Kentucky en 1775. Siguieron la "Ruta Salvaje" hecha por Daniel y un grupo de hombres. Los colonos construyeron Fuerte Boonesborough en el río Kentucky. Los indios no estaban conformes con los colonos.

Un día, Jemima, una de las hijas de Daniel, y tres amigas salieron a pasear en canoa cerca del fuerte. Los indios Shawnee capturaron a las niñas. Daniel siguió el rastro de los indios y salvó a las muchachas.

Esta pintura muestra cómo los Shawnee pudieron haber raptado a la hija de Daniel y a sus amigas.

17

FUERTE BOONESBOROUGH

La vida en Fuerte Boonesborough era dura. Las provisiones escaseaban. Durante un viaje para proveerse de sal en un **salegar** cercano, Daniel y sus hombres fueron capturados por los Shawnee.

Los Shawnee se llevaron a algunos de los hombres a Ohio. Daniel descubrió que los Shawnee planeaban atacar el fuerte.

Daniel escapó. Advirtió a los colonos de Boonesborough que se prepararan para el ataque. El ataque duró 9 días. Los Shawnee por fin se rindieron.

Fuerte Boonesborough tal y como se puede ver hoy en el Parque Estatal de Fuerte Boonesborough.

LOS ÚLTIMOS AÑOS

Daniel trasladó a su familia a Misuri. Encontró un nuevo territorio salvaje para explorar. Daniel cazó y exploró hasta su vejez. Daniel Boone murió a la edad de 85 años.

Si quieres aprender más cosas sobre Daniel Boone, puedes visitar el Parque Estatal de Fuerte Boonesborough cerca de Lexington, Kentucky.

Este monumento a Daniel Boone se alza en el Parque Cherokee, en Louisville, Kentucky.

FECHAS IMPORTANTES PARA RECORDAR

1734   Nació en Pensilvania (2 de noviembre)

1751   Se trasladó al valle del Yadkin, Carolina del Norte

1756   Se casó con Rebecca Bryan (14 de agosto)

1769   Exploró Kentucky por vez primera

1775   Se asentó en Kentucky y construyó Fuerte Boonesborough

1778   Fue capturado por los indios Shawnee

1799   Se trasladó a Misuri

1820   Murió en Saint Charles, Misuri (26 de septiembre)

GLOSARIO

leyenda — una historia sobre una persona o un lugar que se ha transmitido durante años y se cree cierta, incluso aunque no existan pruebas

salegar — un lugar que contiene sal, que es lamida por los animales

Shawnee — tribu india del valle central de Ohio

trampero — persona que pone trampas para cazar animales

ÍNDICE

Lecturas recomendadas

McCarthy, Pat. *Daniel Boone Frontier Legend*. Enslow Publishers, Inc. NJ ©2000
Boone, Nathan. *My Father, Daniel Boone*, The Draper Interviews The University Press of Kentucky ©1999
Sanford, William R and Green, Carl R *Daniel Boone Wilderness Pioneer.* Enslow Publishers, Inc. NJ ©1997

Páginas Web recomendadas

- http://earlyamerica.com/lives/boone/index.html
- http://www.linecamp.com/museum/americanwest/western_names/boone_daniel/boone_daniel.html

Acerca de los autores

David y Patricia Armentrout se especializan en escribir libros de no ficción. Han publicado varios libros de lectura para escuelas primarias. Viven en Cincinnati, Ohio, con sus dos hijos.